Text: Heiko Volz, Dejan Zarkovic
Zeichnungen: Roman Lang
Gestaltung: Jürgen Hölzel, Larissa Schmidt

Reproduktion: Schwabenrepro GmbH, Stuttgart
Druck und Bindung: Livonia Print, Riga, Lettland

3. Auflage 2019

Printed in Latvia
ISBN 978-3-480-23330-4

Äffle & Pferdle

Heiko Volz
Dejan Zarkovic
Roman Lang

Spaß muss sei!

ess!inger

Äffle: Des bringt nix, wenn du beim Wiega dr Bauch eiziehsch!
Pferdle: Ha doch! Dann seh i die Waag besser!

Äffle: Auale!!!

Pferdle: Bleib halt liega!
Dann tut's bloß oimol weh.

Äffle: Warom verkleidet sich
die Menscha an Fasching?

Pferdle: Weil se sich au amol
zum Affa macha möchtet.

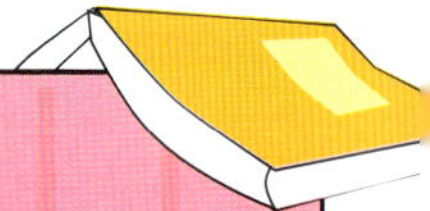

Äffle: Kommsch du mit eikaufa?

Pferdle: Noi, gang du no alloi.
I muss uff d'Möbel uffpassa!

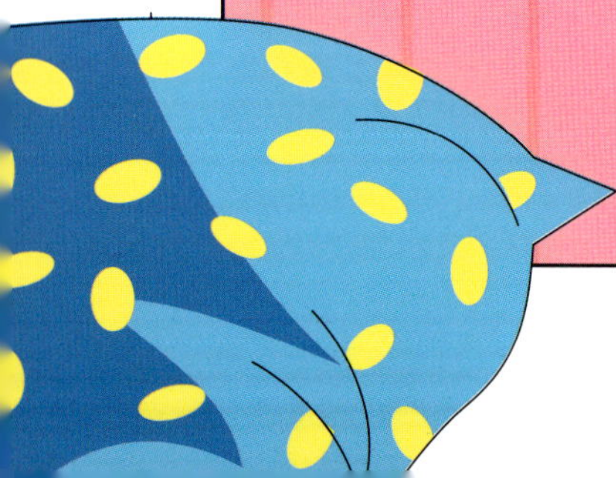

Pferdle: Welche von deine Gschenkle gfallet dr am beschta?

Äffle: Die, wo i umtauscha kann.

Pferdle: Ja, was machsch du denn da
mit dem Häsle?
Äffle: I han mir professionelle Hilfe gholt.

Äffle: A schöner dicker Bauch
ond feschte Ärmle!
Pferdle: Moinsch du mi?
Äffle: Ha noi, mei Brezel!!!

Pferdle: Warom kommsch du zu spät zom Schaffa?

Äffle: Weil du geschtern gsagt hasch, i soll mei Zeitung dahoim lesa.

Pferdle: Ond? Wie findsch du
onsere Schwäbische Alb?
Äffle: Ganz oifach. I folg de Schiena.

2

HEIDENHEIM 2,5 km
Äffle: So langsam wie du fährsch, wirsch net blitzt, sondern gmalt!

HEIDENHEIM 2,5 km

Pferdle: Sollet mir amol ins Wasser hüpfa?
Äffle: Ohne mi. I will net,
dass mei Sonnabräune weggeht.

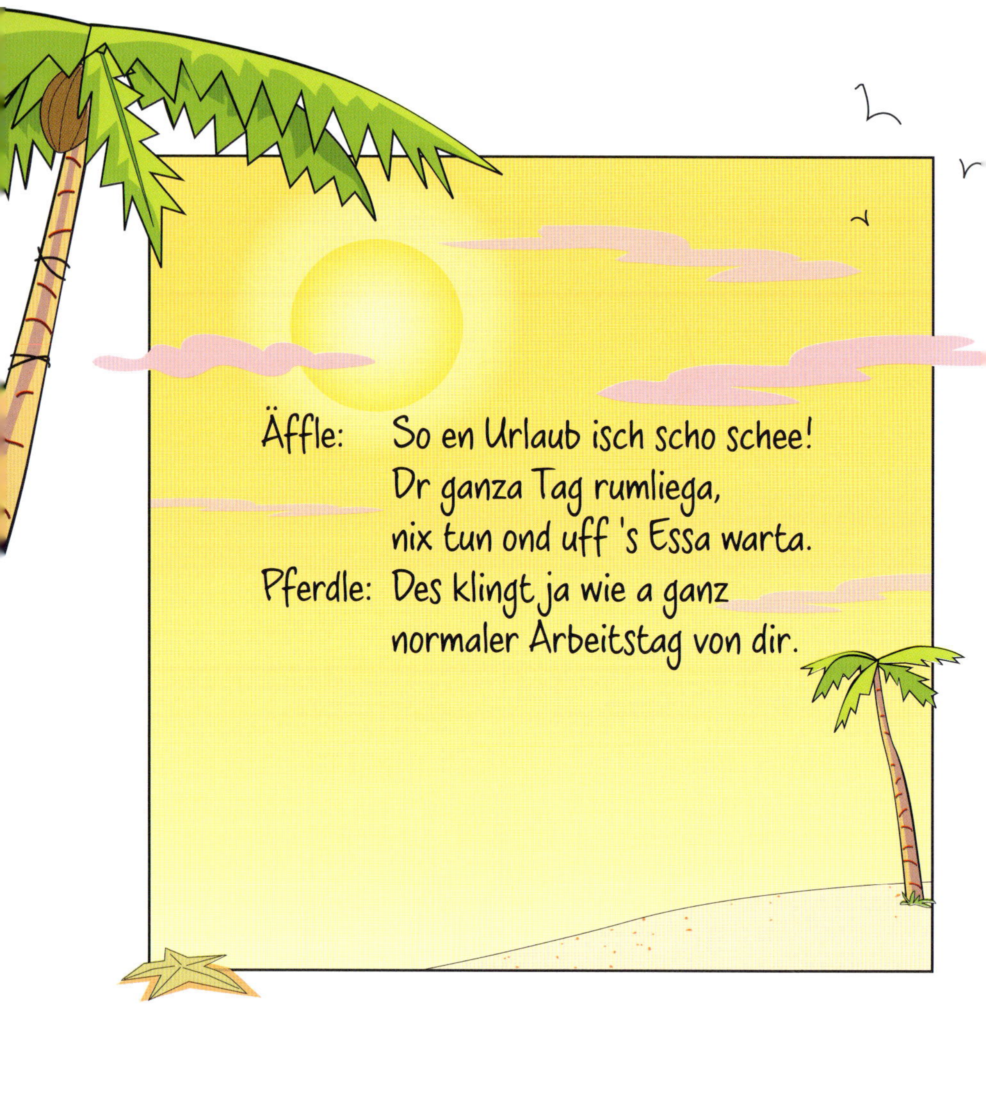

Äffle: So en Urlaub isch scho schee!
Dr ganza Tag rumliega,
nix tun ond uff 's Essa warta.

Pferdle: Des klingt ja wie a ganz
normaler Arbeitstag von dir.

Äffle: Gell, Schwob isch ma von Herza?

Pferdle: Ond vom Geldbeutel!

HOHENNEUFFEN -1 Std

Äffle: Was macht dir uff 'm Volksfescht am meischta Spaß?

Pferdle: S' Gsicht von de Leut, wenn se die Preise sehet.

KASSE
Cannstatter Volksfest

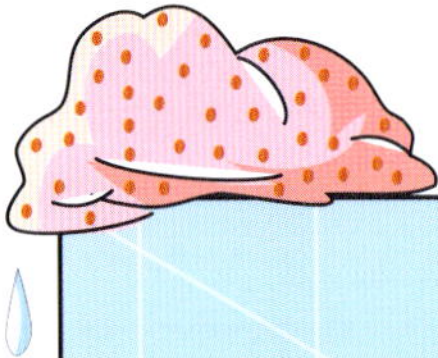

Äffle: Bisch du wirklich mit de Seepferdle verwandt?

Pferdle: Natürlich! Des sieht ma doch: Die Figur, die Eleganz, die Anmut …

Äffle: … Ond mit de Nilpferd bisch au verwandt, gell?

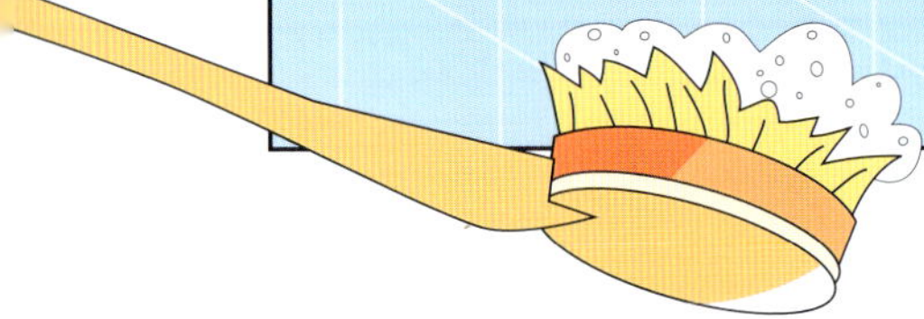

Äffle: Zwoi Banana, bitte!
Schee reif ond gelb sollet se sei,
net zu kloi ond ohne braune Flecka!
Pferdle: Dürfet se wenigstens krumm sei?

Pferdle: So a Jahr isch
scho ganz schee lang...
Äffle: Scho, aber Ende
November nimmer!

Äffle: Mir wär's lieber, wenn's Laub an de Bäum hänga bleiba dät.
Pferdle : Bloß ned! Da müsstet mr's vor am Fega au no von de Bäum pflücka!

Äffle: Des Jahr isch onser Chrischtbaum aber scho a bissle kloi!

Pferdle: Dafür wirket onsere Weihnachtsgschenk umso größer.

Äffle & Pferdle Shop
mir älles!
Geschenkartikel
und vieles mehr gibt's auf
www.aeffleundpferdle.de

Familien-
Kalender
2018
Wo send denn
die Montage?
Das isch was man haben muuuß!
Das isch der Bananen-Blues!
Das isch der Hafer-Blues!
das isch
was man
haben muuuß!